DÉFENSE

DEVANT MES COMPATRIOTES

CONTRE

L'ACCUSATION DE FAUX

ET

Substitution dans un examen de Baccalauréat,

PAR

ROCCA JEAN,

DE VICO (CORSE).

PARIS,

IMPRIMERIE PREVE ET Cᵉ, RUE J.-J. ROUSSEAU, 15.

1853.

PRÉFACE.

Je plaide en ce moment la cause de mon honneur.

Depuis longtemps se produisent des faits semblables à celui pour lequel je suis appelé à comparaître en conseil supérieur. Je le sais; la justice ne les a pas réprimés avec beaucoup de rigueur. Les jurés ont considéré ces fautes comme des peccadilles de jeunesse.

Pour moi, la cause n'est pas la même, car elle ne produirait pas les mêmes conséquences.

Si en France on pardonne à un acte qu'on attribue à la légèreté et à l'étourderie, en Corse, il n'en est pas ainsi. La substitution, en matière d'examen, est un faux, aussi bien qu'une signature étrangère est un faux en écriture privée.

Nous sommes rigoristes. Et n'avons-nous pas raison? Ces examens que nous passons ne doivent-ils pas nous faire confier plus tard, soit la vie physique, soit la vie morale de nos semblables?

Aussi une condamnation serait-elle une tache pour moi. Et cette tache ne serait pas seulement nuisible à ma fortune, à ma carrière; elle serait un reproche de tous les jours, que pourraient me jeter à la face les ennemis de ma famille.

Ceci est donc pour moi une question d'honneur, une question de vie.

C'est pour cela que j'ai écrit ce mémoire.

Il servira aussi, je l'espère, à éclairer MM. les juges du Conseil supérieur de l'instruction publique dans les considérations qui vont leur être soumises.

L'apparition de cette brochure n'est-elle pas, d'ailleurs, une première preuve de non-culpabilité?

L'innocence seule ose affronter la publicité.

ROCCA JEAN.

ACADÉMIE
DE LA SEINE.

INSTRUCTION PUBLIQUE.

Paris, 14 juin 1853.

Monsieur,

J'ai l'honneur de vous adresser ampliation d'une décision du conseil académique de la Seine, en date du 30 mai dernier, portant que l'examen qui a été subi en votre nom, le 13 janvier 1852, est et demeure annulé, et que vous êtes exclu de toutes les Académies de l'empire, jusqu'au 1er janvier 1854.

Dans le cas où vous voudriez appeler de cette

décision, votre appel devrait être déposé au secrétariat de l'Académie.

Recevez, monsieur, l'assurance de ma parfaite considération.

Le recteur de l'Académie de la Seine,

CAYX.

INSTRUCTION
PUBLIQUE.

ACADÉMIE DE LA SEINE.

—

EXTRAIT DU REGISTRE DES DÉLIBÉRATIONS DU CONSEIL ACADÉMIQUE.

Procès-verbal de la séance du 30 *mai* 1853.

Membres présents : MM. Cayx, président, l'abbé Sibour, l'abbé Bautain, l'abbé Flandrin, le pasteur Monod, le pasteur Verny, le grand-rabbin Isidor, Charpentier, Danton, Sonnet, Beauvain, Daltenheym, Roussel, Colette de Beaudicourt, Périer, Lamouroux, et Merruau, secrétaire.

Le conseil académique,

Vu l'art. 85 de la loi du 15 mars 1850, portant que, jusqu'à la promulgation de la loi sur l'enseignement supérieur, les nouveaux conseils académiques exerceront à l'égard de cet enseignement les attributions qui appartenaient aux anciens;

Vu l'art. 26 du décret du 29 juillet 1850, relatif aux autorités préposées à l'enseignement;

Vu l'art. 35 du statut du 9 mai 1825, portant que : il y aura lieu, selon la gravité des cas, à prononcer l'exclusion à temps ou à toujours de la Faculté, de l'Académie, ou de toutes les Académies du royaume, contre l'étudiant qui aurait pris une part active à des désordres, soit dans l'intérieur de l'école, soit au dehors, ou qui aurait tenu une conduite notoirement scandaleuse;

Vu les lettres de M. le ministre de l'instruction publique qui prescrivent de déférer au conseil académique tout individu coupable de fraude dans les examens du baccalauréat;

Vu la version latine faite et signée au nom de Rocca Jean, dans l'épreuve du baccalauréat ès lettres, du 13 janvier 1852, ainsi que la copie de cette version, écrite par Rocca, sous la dictée du recteur de la Corse;

Vu la lettre sans date, signée Jean Rocca, saisie le 11 juin 1852, chez le sieur Grégoire, préparateur de Rocca au baccalauréat;

Vu la délibération en date du 2 mai 1853, par laquelle le conseil académique a décidé qu'il y avait lieu à suivre à l'égard du sieur Rocca Jean, accusé de s'être fait remplacer dans l'examen du baccalauréat ès lettres, le 13 janvier 1852, à Paris;

Considérant qu'il résulte de l'enquête et des débats la preuve que Rocca s'est fait remplacer dans l'épreuve de la version latine; qu'à cet égard les graves soupçons conçus par les professeurs de la Faculté sont confirmés :

1° Par la différence qui se remarque entre l'écriture de Rocca (voir la copie qu'on lui a fait faire en Corse de sa version latine), et l'écriture du remplaçant (voir la version latine déposée en Sorbonne, le 13 janvier 1852, la demande d'admission au baccalauréat, et une lettre écrite en son nom, en date du 22 janvier 1852, pour réclamer le diplôme de bachelier ès lettres ; ces trois pièces écrites par le remplaçant) ;

2° Par des fautes d'orthographe qui sont dans la copie de la version latine, écrite par Rocca, et qui ne sont pas dans la version originale ;

3° Par une lettre de Rocca, saisie par la justice chez un nommé Grégoire, et où il raconte sa fraude ;

Après en avoir délibéré en présence du doyen de la Faculté des lettres,

Est d'avis qu'il y a lieu :

1° D'annuler l'examen de baccalauréat ès lettres, subi, le 13 janvier 1852, au nom de Rocca devant la Faculté de Paris ;

2° D'exclure Rocca, Jean-Dominique-Antoine, né à Vico, Corse, le 29 décembre 1832, de toutes les Académies, jusqu'au 1er janvier 1854.

Pour extrait conforme :

Le recteur de l'Académie de la Seine,

CAYX.

RÉPONSE FAITE A LA LETTRE DE M. LE RECTEUR,

en date du 14 juin 1853.

Monsieur le Recteur,

Par votre lettre du 14 janvier vous me faites l'honneur de m'apprendre la décision du conseil académique de la Seine, du 30 mai dernier, portant que l'examen que j'ai subi moi-même, le 13 janvier 1852, est annulé, et que je suis exclu de toutes les Académies de l'empire jusqu'au 1er janvier 1854.

Fort de mon innocence et des preuves irrévocables que je pourrai fournir pour établir que c'est bien moi qui ai subi l'épreuve de la version latine, le 13 janvier 1852, comme celle de l'examen oral subie le 15, j'ai l'honneur de vous avertir que je prends appel en conseil supérieur.

J'ai l'honneur d'être, monsieur le Recteur, avec respect, votre serviteur,

ROCCA JEAN.

Paris, 16 juin 1853.

DÉFENSE

DEVANT MES COMPATRIOTES

CONTRE L'ACCUSATION DE FAUX

ET SUBSTITUTION DANS UN EXAMEN DE BACCALAURÉAT.

C'est après un an et demi de recherches et d'investigations que le conseil académique de Paris s'est décidé à me juger et à me condamner.

Quoi qu'on ait dit sur la faillibilité des cours et des jurés, je ne viens pas renouveler des débats sur un principe que je ne veux pas discuter. Je ne dois avoir en vue que le cas où m'a placé une fatale calomnie, et pour avoir le droit de plaider ma cause en dernier ressort devant la conscience publique, je m'appuierai sur un mot du *comte d'Artois* qui fut plus tard Charles X : « Savez-vous s'il est coupable? on n'en est assuré que par l'arrêt. »

Je ne veux pas non plus discuter les causes qui ont pu déterminer la commission à prononcer contre moi un verdict de culpabilité, lorsque la justice régulière n'avait trouvé aucun indice sur lequel elle pût porter une accusation. Ce n'est ici ni une révolte contre un arrêt, ni une incrimination contre des juges qui ont cru sans doute faire leur devoir.

Si je parle, c'est en face de l'estime de mes compatriotes que je tiens à conserver, c'est devant ma conscience qui voit mon innocence et qui me fait un devoir de la proclamer.

C'est parce que j'ai l'intime conviction de

ma cause que je l'expose au grand jour, que je la porte au forum de la publicité; je m'adresse au jury de l'opinion générale; c'est à la raison de tous que je parle, c'est à la justice de tous que j'ai foi. On tiendra compte de la confiance d'un accusé qui vient franchement, loyalement devant ses concitoyens, leur exposer sa conduite et sa vie : ils jugeront!

Je m'adresse à tout ce qu'il y a d'hommes justes et généreux en Corse, dans ce pays de la bonne foi et de la sincérité. Eux seuls peuvent comprendre la situation où m'ont placé diverses circonstances caractéristiques de notre pays; eux seuls peuvent sentir l'importance et l'effet de la condamnation qu'on m'inflige.

Je suis d'autant plus forcé d'implorer la générosité de mes compatriotes, que je veux parler contre certains vices qui pèsent sur notre pays. La Corse n'est pas encore tout à fait débarrassée de ses vengeances particulières, de ces haines de famille à famille, qui ont parfois les suites les plus graves. Si elle est le séjour de la vertu et des mœurs antiques, elle a aussi conservé ces sentiments de rivalité qui allument des guerres terribles entre deux maisons, et, moins que tout autre pays, elle est exempte du fanatisme de parti.

Là, les diverses maisons se regardent l'œil en feu, la colère au cœur et la vengeance à la main. Les passions s'y allument sourdes, ardentes; tout y est représailles et acte de bonne guerre; les faits les plus odieux sont accomplis avec une rare habileté, qui dénote une nature habituée à méditer les mauvais coups de l'inimitié.

On a beaucoup parlé des haines et des rivalités qui existent en Corse, et on n'a en rien exagéré leurs détestables résultats. A Vico, ces guerres de maison à maison existent encore dans toute leur ancienne énergie, et je suis obligé d'avouer que je suis victime de la vengeance d'un ennemi de ma famille. On ne saurait trop s'élever contre ces mauvaises coutumes qui remontent à la barbarie et entravent la civilisation. Quand donc serons-nous tous unis et n'aurons-nous à combattre que les ennemis de la France?

Et s'il y a parmi nous quelque rivalité, qu'elle soit l'effet d'une louable ambition ! ce sera alors un combat d'amour-propre, une généreuse émulation, une lutte loyale. On n'emploiera pas, pour perdre le représentant d'une famille, la fourberie ou la trahison. Ce sera dans les élections, dans tous les concours, pour toutes les candidatures, un conflit d'intérêt et de valeur personnelle, et non une bataille de partis. On ne s'abandonnera plus aux basses jalousies, aux sourdes colères. On ne méditera plus dans l'ombre la perte et la ruine d'une maison. Alors, nous serons dignes du progrès ; nos mœurs s'adouciront et notre île si favorisée du reste par la nature prendra une physionomie de prospérité, de bien-être dont jouissent les pays où l'union des hommes l'action libre et concentrée des forces, travaillent au développement de la production intellectuelle et matérielle.

On ne le niera pas, nous sommes encore loin de cet heureux état de choses ; et de tristes préjugés pèsent sur notre patrie.

Le malheur qui m'arrive aujourd'hui ne pourrait-il pas, à titre de représailles, retomber sur mes ennemis ? Voilà comment s'entravent les hommes, et comment ils se créent volontairementdes obstacles, au lieu, sinon de s'entr'aider, du moins de laisser chacun arriver au bonheur vers lequel nous tendons tous.

J'avais terminé de consciencieuses études ; je partais pour Paris, au mois d'octobre 1851 afin d'obtenir le diplôme de bachelier par lequel on a droit de *cité* dans le monde de l'intelligence et des arts libéraux.

Je croyais d'autant plus le mériter que mes condisciples m'assuraient le succès et que mes professeurs tiraient bon augure de la manière avec laquelle je m'étais préparé à cette épreuve. Voici du reste des certificats qui font foi de mon aptitude et de mon travail :

(Certificats des professeurs.)

Je soussigné, P. Leca, régent de cinquième au collége Fesch d'Ajaccio, certifie avoir, comme répétiteur, dirigé les études grammaticales du jeune Rocca Jean, pendant trois années consécutives ; je déclare en outre que ce jeune élève a suivi mes leçons avec profit et intelligence.

En foi de quoi, j'ai, sur sa demande, délivré le présent certificat.

Ajaccio, le 6 juin 1853.

PAUL LECA.

Vu pour légalisation de la signature ci-dessus approuvée par le sieur P. Leca.

Ajaccio, le 7 juin 1853.

Le maire d'Ajaccio,

ZEVACO.

Vu pour légalisation de la signature, d'autre part, de M. Zevaco, maire d'Ajaccio.

Ajaccio, le 8 juin 1853.

Pour le préfet de la Corse en tournée,

Le conseiller de préfecture, secrétaire général délégué,

COLONNA.

Je soussigné, Jules-Emile Alaux, régent de philosophie au collége Fesch d'Ajaccio, déclare avoir, durant l'année scolaire 1849-1850, étant alors régent de seconde, donné des leçons particulières au jeune Rocca Jean, ancien élève du collége, à l'effet de le préparer pour l'examen du baccalauréat ès lettres, qu'il se proposait de subir à Bastia à la fin de cette année-là même.

En foi de quoi, je délivre le présent certificat.

Fait à Ajaccio, ce 7 juin 1853.

ALAUX,

Régent de philosophie.

Ce certificat porte les mêmes légalisations que celui de M. P. Leca.

Je soussigné, Ferraz, licencié ès lettres, régent de logique au collége de Bourg (Ain), ancien régent de rhétorique au collége d'Ajaccio, certifie avoir donné des leçons, en 1850-1851, pendant plusieurs mois, dans cette dernière ville, à M. Jean Rocca, et avoir toujours reconnu en lui non-seulement un jeune homme d'un excellent naturel et rempli des meilleurs sentiments, mais encore un élève animé de la plus vive ardeur pour le travail et doué de la mémoire la plus heureuse. C'est pourquoi je ne regarde point comme impossible qu'après quelque temps encore d'un travail soutenu et bien dirigé, il ait obtenu le diplôme de bachelier ès lettres.

En foi de quoi je lui ai délivré ce certificat.

Bourg, 10 juin 1853.

FERRAZ.

Vu par nous, maire de la ville de Bourg, pour légalisation de la signature apposée ci-dessus par M. Ferraz, professeur de logique au collége de cette ville.

Bourg, Hôtel-de-Ville, le 13 juin 1853.

Le maire,

BERNARD.

Mais cette assurance ne me suffisait pas. Je croyais que ce n'était pas assez d'avoir préparé mon examen, soit au collége, soit avec des professeurs particuliers. Je voulus assurer complétement le succès et j'entrai dans une maison préparatoire à Paris. — Là certains bruits de tripotages et de substitutions au baccalauréat vinrent à mon oreille, et j'avais tellement en haine les examens déloyaux que je quittai cette institution pour n'être pas en contact avec des gens qui paraissaient, au dire de quelques-uns, employer les moyens les moins honorables pour obtenir des diplômes.

Je pris un professeur particulier d'un mérite incontestable, et tous les jours je préparai sérieusement, sous ses yeux, une épreuve dont je voulais sortir triomphant. Il est évident que jusqu'ici je n'ai pas eu l'intention de me faire remplacer à la Faculté, car je ne me serais pas créé un travail inutile et des frais de professeurs, si j'avais voulu user de la complaisance intéressée de ce qu'on appelle *tripoteurs*.

Tous ces faits ont été établis et prouvés par lettres et témoins devant le conseil académique de Paris.

Enfin je voyais arriver le jour où mon but

pourrait être atteint. Je basais de légitimes espérances sur le résultat de mon travail et sur l'assurance que me donnait mon professeur de l'heureuse issue de ma tentative.

A cette époque, soit par suite de fatigues et de veilles, soit par toute autre cause, je tombai assez gravement malade le 20 décembre 1851 pour être obligé de garder le lit.

Cependant, comme je pensais que la maladie n'aurait pas de suites graves, je priai un de mes amis d'aller déposer à la Faculté la consignation exigée.

J'espérais que, dans l'intervalle da la consignation et de l'examen, je serais rétabli et que je pourrais me présenter à la commission.

Ce jeune homme, ignorant les formalités à remplir et la sévérité de l'Université à l'égard des déclarations et des signatures, signa mon nom sur une feuille qu'on lui présenta, au lieu d'avouer qu'il n'était par occasion, qu'un simple intermédiaire.

Cette circonstance, jointe, je dois le dire ici, aux accusations déjà formulées par mes ennemis, est une des premières raisons sur lesquelles s'est appuyée l'Université pour mettre en doute la sincérité de mon examen. Et les personnes qui me lisent en voient dès lors toute la futilité.

Quoi qu'il en soit, mon ami obtint un numéro d'ordre pour le 6 janvier 1852. A cette époque, je n'étais pas encore parfaitement remis de ma maladie, et je priai M. Parmantier, sous-secrétaire de la Faculté, de retarder mon examen de quelques jours, en appuyant ma demande d'un certificat de médecin. Je reçus une réponse affirmative; une place supplémentaire me fut accordée et, le 13 janvier, je subis la première épreuve, celle de la version latine.

Le matin, quelques amis m'avaient, à ma prière, accompagné jusqu'à la Sorbonne. Je suis obligé d'entrer ici dans tous les détails, parce que c'est sur l'épreuve écrite que le conseil académique a basé sa condamnation, et les plus petites circonstances éclairent souvent un affaire en faisant ressortir les causes déterminantes, les raisons et les intentions même de l'accusé. Aussi, j'étais accompagné de plusieurs amis, entre autres de M. Rouquette, homme de lettres, qui devait, à l'issue de l'épreuve, me corriger ma version et me dire si j'avais des chances de succès. Ce fait est tout naturel, chacun a hâte de connaître son sort.

Sur la place de la Sorbonne, M. Rouquette rencontra un monsieur qui était de sa connaissance, et sachant qu'il se préparait à un examen de licence, et qu'il faisait des études latines toutes récentes, il le pria de demeurer avec eux, afin qu'à la sortie de mon épreuve écrite, il eût l'obligeance de juger de la valeur de ma traduction.

M. Raymond, c'est le nom de la personne dont je parle et que j'ai connu plus tard plus intimement, se rendit à ce désir, et entra au café Sorbonne avec les amis qui étaient venus m'accompagner. Au sortir de mon épreuve, je les rencontrai sur la place, en face de la porte de la Faculté, et je leur montrai le brouillon de ma traduction, qui fut corrigé par MM. Rouquette et Raymond, dans les circonstances que détaillent les certificats suivants et qui prouvent que c'est bien moi qui ai fait la version.

PREMIER CERTIFICAT.

Je soussigné, Louis Bourdon, étudiant, à Paris, rue de Buci, 34, atteste faire en toute conscience la suivante déposition : J'ai, vers la fin de l'année 1851, travaillé de concert avec M. Jean Rocca, pour l'examen du baccalauréat ès lettres, en vue duquel nous faisions alors des versions latines très-souvent ensemble. Après avoir été, au moment de nous présenter, l'un et l'autre malades pendant quelque temps, nous ne pûmes nous faire inscrire au registre des consignations que comme supplémentaires, et nous espérions même en cette qualité, avoir le plaisir de subir notre examen le même jour ; mais M. Rocca, mon ami, dont le nom était inscrit avant le mien, fut appelé avant moi, le 13 janvier au matin, pour l'épreuve écrite de la version. Je l'y accompagnai le matin à sept heures et demie, et je vins l'attendre à la sortie de cette première épreuve, à dix heures, en compagnie d'autres amis ; nous rencontrâmes dans la cour de la Sorbonne M. Raymond, que je connaissais comme ami de M. Rouquette, ancien professeur, et aujourd'hui rédacteur en chef d'un journal littéraire. C'est là que, sur les degrés de la Sorbonne, nous demandâmes à M. Rocca le brouillon de la version qu'il avait eue à faire en composition, et que MM. Rouquette et Raymond, les plus experts d'entre nous en ces sortes de matières, reconnurent bien vite, après un rapide coup d'œil d'examen, que la version de notre ami Rocca lui vaudrait une place avantageuse dans le nombre des élus. L'après-midi, nous nous rendîmes, plus nombreux encore, à la Sorbonne, pour assister à l'examen oral ; nous entendîmes et vîmes très-bien qu'à son tour il fut appelé par M. Patin, secrétaire de la Faculté, pour écrire sur le registre sa déclaration suivant les formalités ; puis, qu'au bout de quelques instants, M. Rocca fut appelé par M. Parmantier, sous-secrétaire, pour des explications réclamées de lui, et nous le vîmes, après quelques instants de vive altercation, sortir indigné et pâle d'émotion ; nous le suivîmes pour l'interroger sur le motif de sa retraite précipitée et inattendue, il nous répondit qu'il ne voulait ni ne pouvait subir son examen dans ces moments d'agitation où l'avaient jeté des soupçons qu'on venait élever sur son compte, au sujet de la signature faite le jour de la consignation, par M. Coti, au nom de M. Rocca.

Le lendemain, il obtint la permission de subir l'épreuve orale qui lui restait, le 15 janvier ; il fut appelé en effet ce jour-là, et nous l'accompagnâmes de nouveau avec plus d'intérêt.

J'assistai avec plaisir pour ma part à son examen, parce qu'il répondit fort convenablement à presque toutes les questions qui lui furent adressées et dont quelques-unes me sont restées en mémoire. Je remarquai et me rappelle encore qu'il analysa et commenta fort bien *Boileau* en français, *Horace* en latin. En philosophie, il répondit aux questions sur *l'Analogie* et *les Facultés de l'âme*; en physique, sur *l'Electricité*.

Enfin, après la série des questions successives que comportait le programme, toutes, en somme, assez bien enlevées, il fut admis d'emblée et nous sortîmes tous, joyeux de son succès. Le lendemain, je dois le dire ici, nous partîmes, M. Rocca et moi, par le chemin de fer de Lyon, chacun pour notre pays.

Paris, 1er juin 1853.

L. Bourdon.

DEUXIÈME CERTIFICAT.

Je soussigné, Rouquette Jules, homme de lettres, déclare avoir vu M. Rocca Jean préparer sérieusement son examen. J'ai pu voir venir chez lui un professeur qui lui faisait suivre un cours régulier de préparation au baccalauréat.

Le jour où il a subi l'épreuve de la version, je l'ai accompagné avec plusieurs personnes qui en certifieront, et, à la sortie de la Sorbonne, nous avons, M Raymond et moi, corrigé la version sur un brouillon *raturé*, écrit entièrement de sa main, chose que je puis affirmer, connaissant déjà l'écriture de M. Rocca. Le 15 janvier 1852, il a subi l'épreuve orale à laquelle j'ai assisté, et à ce moment nul soupçon ne s'est élevé sur son identité.

Vers la fin du mois d'août 1852, j'ai rencontré dans la rue de la Harpe le professeur de M. Rocca, M. Grégoire, qui m'a parlé d'une lettre qu'il aurait reçue signée Rocca, laquelle lettre, disait-il, parlait de faits et de circonstances auxquels il ne comprenait rien ; il ajoutait même qu'il ne reconnaissait pas l'écriture de la lettre pour celle de son élève, et la gardait pour la montrer à M. Rocca, à son arrivée à Paris, afin de savoir quelle était cette énigme.

En foi de quoi je lui ai délivré la présente attestation,

Paris, 3 juin 1853.

JULES ROUQUETTE,

102, rue de l'Ouest.

TROISIÈME CERTIFICAT.

Je soussigné, Alexandre-François Raymond, homme de lettres, déclare avoir corrigé la version latine, présentée pour l'examen au baccalauréat ès lettres, sur le brouillon que M. Rocca me présenta à sa sortie de l'épreuve écrite.

Déclare, en outre, avoir assisté à l'épreuve de l'examen oral deux jours après.

Voici dans quelles circonstances je corrigeai le brouillon de M. Rocca Jean :

Vers le milieu de janvier 1852 (on m'a appri depuis que c'était le 13, circonstance que j'avais oubliée), je me rendais, le matin à huit heures, au cours de licence que je suivais à Sainte-Barbe, lorsque je rencontrai, sur la place Sorbonne, M. Rouquette qui se promenait avec quelques autres jeunes gens. M. Rouquette me prit le bras, et m'engagea à entrer au café Sorbonne où nous restâmes jusqu'à dix heures.

Nous en sortîmes pour aller trouver à la Sorbonne M. Rocca au sortir de l'épreuve de la version. Je ne connaissais pas M. Rocca, mais M. Rouquette lui ayant dit que je suivais le cours de licence, M. Rocca me pria de corriger le brouillon de sa version, et de lui dire, en toute sincérité, mon avis sur le résultat qu'il pouvait en attendre. J'examinai donc le brouillon, et, après avoir relevé quelques expressions peu choisies, je lui affirmai qu'il serait reçu sur cette épreuve.

Je ne connaissais pas, ai-je dit, M. Rocca; aussi n'ai-je pu m'assurer que plus tard que l'écriture du brouillon était bien la même que celle que je lui connus, dans la suite, dans nos relations d'intimité.

Le même jour, je déjeunai avec ces messieurs, amis de M. Rocca, que j'ai eus moi-même depuis pour amis, au café Corneille.

De là nous nous rendîmes à l'épreuve de l'examen oral, où une circonstance inattendue, un soupçon, empêcha M. Rocca de passer son examen qu'il ne subit que deux jours après (le 15). J'assistai, sur sa prière, à cette seconde épreuve.

Paris, le 1er juin 1853.

A. Raymond,

102, rue de l'Ouest.

QUATRIÈME CERTIFICAT.

Je soussigné, Coti, Jean-Baptiste, étudiant en droit, né à Ajaccio, Corse, domicilié à Paris depuis le mois de septembre 1851, certifie avoir préparé, de concert avec M. Rocca Jean, mon examen de bachelier ès lettres, et même avoir demeuré, avec lui, à l'hôtel Corneille, rue du même nom.

Je déclare que, le 23 décembre 1851, M. Rocca, étant retenu au lit par une grave indisposition, et désirant se débarrasser au plus tôt d'un examen qui le retenait forcément à Paris, lorsque de nombreuses affaires de famille rendaient urgente sa présence en Corse, m'envoya à la Faculté des lettres où j'ai consigné en son nom en tâchant d'imiter sa signature sur la feuille que me présenta à ce sujet M. Parmantier, sous-secrétaire de la Faculté.

Le 6 janvier, il obtint une place, mais son malaise ne l'ayant pas totalement abandonné, son médecin lui fit une attestation de sa maladie, que j'ai transmise à la Faculté. On lui accorda alors une place supplémentaire et, le 13 janvier 1852, à 7 heures et demie du matin, je l'ai accompagné à la Sorbonne avec plusieurs de nos amis; la version terminée, M. Rocca vint immédiatement, sur la place de la Sorbonne, communiquer son brouillon à MM. Rouquette et Raymond, hommes de lettres. Tous mes amis peuvent certifier, comme moi, que ce dernier, après qu'il eut fait un mûr examen de l'épreuve écrite, assura à M. Rocca un succès infaillible. Le 13, au soir, nous étions tous à la Sorbonne pour assister à son examen oral, lorsque des soupçons s'étant tout à coup élevés au sujet des caractères de la signature, faite le jour de la consignation, qui n'offraient, disait-on, aucun point de ressemblance avec ceux de la version latine, empêchèrent M. Rocca de subir, ce jour-là, son examen oral. Il quitta la salle sensiblement ému et le visage fort altéré. Nous le conduisîmes chez lui où il se coucha vu son extrême faiblesse. Il reçut le soir même la visite de M. Alaux, ancien censeur au lycée de Bastia, qui lui promit le concours de M. Parmantier. Il est mon ami, ajouta-t-il, et j'ai la ferme conviction que vous obtiendrez par cette source une nouvelle autorisation.

Le 14 janvier, 11 heures du matin, je vis, non

sans une certaine surprise, M. Patin, secrétaire de la Faculté, dans la chambre de M. Rocca. Au mouvement que je fis pour me retirer, il me pria poliment de m'asseoir. Pendant sa courte visite il a prodigué au malade les plus tendres encouragements. Il l'a exhorté à se rendre digne, *au jour donné*, de la confiance que lui accordait M. Genty de Bussy, intendant général et membre du comité de cavalerie et d'infanterie, et il finit par lui assurer que la commission était très-indulgente et portée à lui être utile. Le 14 au soir, il reçut l'autorisation de la Faculté de se présenter le 15. Le 15, en effet, j'assistai à son examen oral qui fut on ne peut plus satisfaisant. Je crois même, si mes souvenirs ne me trompent, que les examinateurs lui firent les demandes ci-dessus : *Histoire*, saint Louis, bataille d'Ipsus; *physique*, électricité; *rhétorique*, division, etc.

Je termine en certifiant que, durant tout l'examen, M. Patin l'a sans cesse encouragé du geste et du regard.

En foi je lui ai délivré le présent, muni de ma signature.

Paris, 3 juin 1853.

COTI JEAN-BAPTISTE,

27, rue du Vieux-Colombier.

CINQUIÈME CERTIFICAT.

Je soussigné, Blanc Jules, professeur à Melun (Seine-et-Marne), actuellement à Paris, déclare qu'ayant été à la Sorbonne pour voir passer des examens, j'ai vu M. Rocca Jean, que je ne connaissais que par l'intermédiaire de M. Coti, subir l'examen oral du baccalauréat ès lettres vers le milieu de janvier 1852.

J'atteste, en outre, qu'il s'est tiré avec avantage des différentes épreuves auxquelles on l'a soumis.

En foi de quoi je lui ai délivré la présente attestation.

Ce 31 mai 1853.

BLANC.

SIXIÈME CERTIFICAT.

Je soussigné, Susini, Dominique, sergent au 6e de ligne, déclare que vers le milieu de janvier 1852, ayant su que M. Rocca Jean, mon ami de collége, devait subir son examen de baccalauréat ès lettres, je me suis rendu à la Sorbonne pour lui voir passer l'épreuve orale.

J'ai assisté à cet examen et il fut admis.

En foi de quoi je lui ai délivré le présent certificat.

Paris, ce 2 juin 1853.

SUSINI.

Ainsi donc, le brouillon présenté à ces messieurs était écrit de ma main et couvert de ratures. J'insiste sur cette particularité, parce qu'elle est une des preuves les plus évidentes de la sincérité de l'examen écrit.

MM. Rouquette et Raymond furent satisfaits de ma traduction et m'assurèrent que j'obtiendrais une très-bonne place. Une heure après, l'événement vint justifier leur assertion. Ce succès m'encouragea, et, quoique faible encore, je me présentai résolûment à l'examen oral, ayant confiance dans les études que j'avais faites, et dans la bienveillance des examinateurs que j'avais implorée par l'intermédiaire de personnes les plus honorables et les plus haut placées.

Quand mon tour d'examen fut arrivé, je répondis à l'appel de mon nom et j'écrivis, en présence de M. Patin et de MM. mes examinateurs, la déclaration ordinaire sur le registre de la Faculté. Après cela je fus mandé par M. Patin qui me parla des recommandations qu'on lui avait adressées pour moi,et qui me promit toute sa bienveillance et celle de la commission.

Il m'exhorta en même temps à répondre sans crainte et sans trouble, et m'assura qu'il ne doutait pas que je ne fusse reçu après l'excellente version que je venais de faire. Comme je quittais M. Patin, M. Parmantier m'appela et éleva des difficultés sur ce que l'écriture de la consignation n'était pas la même que celle de la version que je venais de faire. Il basa sur cette circonstance des doutes sur mon identité, doutes qui avaient déjà été éveillés par des accusations perfides; car il ajouta : Les avertissements que j'ai reçus ne sont pas faux.

Or on sait que je n'avais pu, à cause de ma maladie, consigner moi-même et que j'avais envoyé à ma place un de mes amis.

Du reste, M. Parmantier voulut s'assurer si j'étais Corse; car il me dit en italien : *Siete un falzzo.*

Cette accusation me parut si outrageante, et elle me fut formulée d'une manière si acerbe et si inattendue, que je m'indignai et m'emportai jusqu'à répondre à M. Parmantier : *Siete un imbecillo.*

On pardonnera ces mots que j'avoue être trop vifs. La circonstance, la dureté de l'accusation et l'état fiévreux où je me trouvais encore en furent la cause, et doivent m'absoudre d'avoir rudement répondu à un des honorables employés de la Sorbonne.

Sous l'influence de cette irritation, je sortis de la Faculté, ne voulant pas subir un examen qui était dès l'abord entravé par des tracasseries qui me donnaient mauvais augure pour le résultat.

Vers cette même époque, M. Alaux, ancien censeur du lycée de Bastia, était depuis quelque temps à Paris, et ayant appris de son fils, professeur de philosophie au collége d'Ajaccio, que je devais subir mon examen de baccalauréat ès lettres dans la première quinzaine de janvier, il alla à la Sorbonne demander mon adresse et voir le jour où je devais me présenter devant la commission d'examen. Là, il apprit de la bouche de M. Parmantier que j'avais subi l'épreuve écrite, et que le soir j'étais sorti de la salle sans avoir subi les questions orales, après avoir fait une version charmante. C'était là une expression de regret de la part de M. Parmantier, ce qui prouve que tout soupçon de faux ou de substitution était dissipé déjà dans son esprit.

M. Alaux vint de suite me trouver ; il m'encouragea ; il me promit de parler à M. Parmantier pour me faire obtenir l'autorisation de me présenter devant la commission de l'examen oral. D'un autre côté, des personnes haut placées s'intéressèrent chaudement à ma position, et M. Patin me fit l'honneur de venir me trouver le 14 au matin, à l'hôtel Corneille, où j'étais. Il m'exprima le regret qu'il avait de la fâcheuse scène du 13, et m'assura que tous les examinateurs étaient convaincus de mon identité. . . . .

Enfin, le 14 au soir, je reçus une lettre qui m'invitait à me rendre le 15 à la Sorbonne pour répondre aux questions orales.

Je viens de citer M. Alaux pour faire voir que je ne me suis nullement caché. Il est évident que si j'avais eu recours à une substitution, je n'aurais averti personne du jour de mon examen, afin qu'aucune de mes connaissances ne fût témoin de ma prétendue fraude.

Enfin, après tous ces embarras, je me rendis à la Faculté le 15, et je fus assez heureux pour me tirer avec succès des différentes épreuves auxquelles on me soumit, soutenu, du reste, et encouragé que j'étais un peu par les regards et les gestes de M. Patin. Le 16, rappelé en Corse par des affaires urgentes d'intérêt de famille, je quittai Paris, sans penser qu'on pourrait jamais me contester la validité et la sincérité de mon examen.

Comme je devais séjourner quelques jours à Marseille, je priai un de mes amis de m'envoyer dans cette ville, à l'hôtel de Rome, toutes les lettres qui seraient arrivées à mon adresse, la première huitaine qui suivrait mon départ.

J'arrive le 19 à Marseille, et le 21 j'y reçus une lettre émanant de la Faculté, que j'ai conservée et dans laquelle je crus voir une invitation de me rendre à la Sorbonne pour y prendre mon certificat d'aptitude. Je m'empressai de répondre à M. Patin, et je le priai de me faire envoyer mon diplôme en Corse, en lui donnant les raisons qui m'avaient forcé de partir de Paris.

Deux mois après mon arrivée dans mon pays, je reçus, à mon grand étonnement, une lettre de M. Parmantier, dans laquelle il m'invitait à me rendre à Paris dans le plus bref délai, pour certifier de mon identité, sous peine de voir mon examen annulé. Ne pouvant plus m'adresser à l'honorable M. Patin, qui venait de mourir, je répondis aussitôt à M. Parmantier, en lui faisant part de ma douloureuse déception, et je lui certifiai que ma présence en Corse était trop nécessaire, indispensable même, pour pouvoir entreprendre un voyage et me rendre à l'invitation qui m'était faite.

Néanmoins, j'ajoutais que s'il était d'une

nécessité absolue que je vinsse à Paris, je ferais le sacrifice de suspendre mes affaires de famille pour trancher la question qu'on soulevait.

J'engageai M. Parmantier à vouloir bien réfléchir encore sur la détermination qu'on avait prise à mon égard, à se bien baser sur des raisons plausibles avant de formuler une accusation qui ne me paraissait fondée que sur des suppositions futiles.

C'est ici qu'on pourra considérer la lenteur, la nonchalance, le peu de bon vouloir qu'on a mis à vider cette question.

C'est en vain que j'écris, que je presse, que je sollicite.

A peine si, à des intervalles de trois à quatre mois, j'obtiens une réponse aux lettres multipliées que j'envoyais. C'est vers la fin de juillet seulement que je reçus les lettres suivantes :

ACADÉMIE
DE LA SEINE.

INSTRUCTION PUBLIQUE.

Paris, 24 juillet 1852.

Monsieur,

En réponse à votre lettre du 23 juin dernier, j'ai l'honneur de vous inviter à vous rendre, dans le plus bref délai, auprès de M. le Recteur de l'Académie de la Corse, qui voudra bien se charger de l'enquête qui vous concerne.

Vous vous ferez accompagner chez lui par quelque personne notable qui puisse certifier votre identité.

Recevez, monsieur, l'assurance de ma considération distinguée,

Le Recteur de l'Académie de la Seine,

CAYX.

ACADÉMIE
DE LA CORSE.

Cabinet du Recteur.

INSTRUCTION PUBLIQUE.

Ajaccio, 31 juillet 1852.

Monsieur,

J'ai reçu ce matin, de Paris, une communication très-importante que je suis chargé de vous transmettre de vive voix, le plus tôt possible, à vous personnellement.

Comme je compte faire un petit voyage dans le courant de la semaine prochaine, je vous prie, monsieur, de m'indiquer vous même par écrit, immédiatement après la réception de cette lettre, le jour où vous viendrez à Ajaccio.

Agréez, monsieur, l'assurance de ma considération distinguée,

Le Recteur,

BORÉ.

Enfin, comme on le voit, après bien des attentes, après de longues inquiétudes soulevées par la crainte de perdre si injustement mon diplôme, je suis parvenu à me faire accorder une enquête à la fin du mois de juillet 1852.

Elle eut lieu devant M. le recteur de l'Académie de la Corse.

Après cette dernière formalité je devais m'attendre à un résultat quelconque au mois de septembre. Ne voyant arriver aucune solution au mois d'octobre, j'écrivis à M. le recteur d'Ajaccio pour le prier de réclamer mon diplôme auprès de la Faculté de Paris.

Monsieur le recteur acquiesça à ma demande, mais sa lettre demeura sans réponse. Je fus alors le voir à Ajaccio pour avoir des éclaircissements sur mon affaire, et il me conseilla de me rendre à Aix où je pourrais prendre conditionnellement ma première inscription en droit, et attendre qu'on me délivrât définitivement mon diplôme. Il ajouta que le silence de la Faculté de Paris lui faisait supposer que mes pièces étaient au ministère de l'instruction publique.

Après avoir suivi ce conseil qui me paraissait dicté par la bienveillance, après avoir pris ma première inscription, je réclamai encore mon diplôme.

On croira peut-être que mon affaire s'est instruite sérieusement, consciencieusement. Peut-on le supposer pourtant quand la Faculté me fit à cette époque la réponse suivante :

ACADÉMIE
DE LA SEINE.

Paris, 17 novembre 1852.

INSTRUCTION PUBLIQUE.

Monsieur Rocca est invité à faire connaître le jour où il a passé son examen de bachelier ès lettres.

On m'écrivit donc pour me demander le jour où j'avais subi mon examen.

Ainsi, après beaucoup de sollicitations tant de ma part que de celle du recteur d'Ajaccio; après neuf mois d'attente et d'instances ; après une enquête que je croyais devoir tout éclaircir, on en était arrivé à ne pas savoir même à quelle époque j'avais subi l'épreuve du baccalauréat. C'est-à-dire qu'on n'était pas encore au point de départ de l'affaire, c'est-à-dire qu'il y avait un soupçon vague sur le nom de Rocca, qu'on avait fait pendant neuf mois planer une accusation sur sa tête sans chercher à le justifier, sans savoir qui il était, ce qu'avait été son examen, à quelle date et dans quelles circonstances il s'était accompli.

Alléguera-t-on la multitude des causes pour appuyer ce retard? La procédure régulière, malgré l'encombrement des affaires en litige, ne va pas ordinairement au delà de trois mois de prévention, parce qu'elle sait que le premier devoir d'une magistrature est de rendre prompte justice, et de ne pas laisser peser longtemps une accusation sur une tête qui peut être innocente.

On ne doit pas voir dans ces paroles des tendances d'incrimination. Mais je veux faire ressortir qu'une affaire traitée avec nonchalance est généralement mal approfondie, par là même jugée sans connaissance de cause et le plus souvent avec une légèreté qui ferait excuser l'injustice d'un arrêt, s'il n'avait une fâcheuse conséquence, et s'il n'était déjà blâmable dans son principe de procédure superficielle.

Je répondis donc à la lettre, en date du 17 novembre, avec beaucoup de calme et de tranquillité, informant M. le recteur que j'avais subi l'épreuve écrite le 13 et l'épreuve orale le 15 janvier 1852. Depuis ce temps, je restai sans entendre ni recevoir quoi que ce fût. Les lettres nombreuses et répétées que j'écrivis à différentes reprises, afin de m'informer du motif d'un silence aussi obstiné, n'aboutirent pour moi à aucune solution. Ce ne fut que le 11 janvier 1853 que j'appris par la voie de M. le recteur que mes pièces se trouvaient alors entre les mains de la justice. — Le 25 du même mois, une personne haut placée me fit connaître, dans une de ses lettres, que mon affaire devait être terminée favorablement sous peu de temps. Elle m'apprenait, en outre, que M. le recteur de l'Académie de la Seine lui disait, dans une lettre, qu'il comptait me remettre mon diplôme aussitôt que les pièces qui me concernaient lui seraient renvoyées du Parquet.

En voici, du reste, le contenu :

ACADÉMIE
DE LA SEINE.

INSTRUCTION PUBLIQUE.

Paris, le 18 janvier 1853.

Monsieur,

J'ai informé M. Rocca, par une lettre récente, que toutes les pièces qui le concernent sont entre les mains du procureur impérial de Paris, ou d'un de ses juges d'instruction, M. Denoyers. Cet envoi a été fait à l'occasion de poursuites dirigées contre un certain nombre de jeunes gens impliqués dans des affaires de substitution de personnes.

J'espère que l'affaire de M. Rocca n'aura pas de suites fâcheuses pour lui : il est même possible qu'elle soit en quelque sorte abandonnée. S'il en était ainsi, toutes les pièces relatives à des faits de substitution me seraient renvoyées par le Parquet, et je ferais alors à M. Rocca la remise de son diplôme. En attendant, il faut qu'il s'adresse, pour l'obtenir, à M. le juge d'instruction.

Veuillez agréer, monsieur, l'assurance de ma haute considération.

CAYX.

A Monsieur M. C. A. . . . . . à Paris.

Cette lettre, on le comprendra aisément, adressée par un homme aussi sérieux et aussi important que M. le recteur de l'Académie, devait me rassurer. Je voyais mon affaire se terminer à bien. Aussi, dès que M. Danton, inspecteur de la Faculté de Paris, annonça à un de mes parents, aumônier de l'hôpital St-Antoine, que ma présence était indispensable ici, je quittai Aix et je revins à Paris.

A peine arrivé sur la foi de la lettre de M. le recteur, je me rendis chez le procureur impérial pour lui demander mes pièces. Cette remise ne put pas m'être faite. Il me fût répondu qu'il était préalablement nécessaire d'examiner s'il y avait lieu de me poursuivre.

L'examen eut lieu, et le parquet, n'ayant trouvé aucun indice de culpabilité, aucun caractère de substitution, mes pièces furent envoyées à l'Académie.

Est-il nécessaire que je fasse remarquer cet incident dans la suite de cette affaire?

Tous les jours le parquet a à décider sur des accusations de faux; chaque jour le procureur impérial et le juge d'instruction sont obligés de fouiller, de jeter de la lumière et du jour dans des causes plus embrouillées que la mienne. Ils ont une puissante habitude de la recherche; ils découvrent là où d'autres n'auraient aucun indice. Eh bien! M. le juge d'instruction n'a rien vu qui pût donner lieu à une accusation, et cependant mon procès dure encore! Que dis-je? J'ai déjà été condamné. La conscience seule de mon innocence m'en a fait appeler devant le conseil supérieur.

Voilà donc mes pièces renvoyées à l'Académie. Heureux alors, je cours chez M. le recteur. N'avait-il pas dit qu'il me ferait la remise de mon diplôme aussitôt que les pièces seraient revenues du Parquet?

Une déception m'attendait; tout allait être remis en question. Je me croyais innocent; M. le recteur me croyait innocent; sa lettre en fait foi. Pendant un mois qui s'était passé entre la nouvelle qu'on me donnait et mon arrivée à Paris, il n'avait pas pu se former un nouveau jugement, les pièces étant toujours entre les mains du juge d'instruction ; et, cependant, lorsque je me présente chez M. Danton pour demander la remise de mes pièces et de mon diplôme : Avouez, dit-il, que vous êtes coupable. J'étais abasourdi. Je ne comprenais plus rien, et, lorsque je demandai l'explication de cela à M. Cayx : Adressez-vous à M. Danton, me répondit-il, c'est lui qui est chargé de cette affaire.

C'était cependant lui qui avait envoyé les pièces au Parquet. C'était lui qui avait assuré, avoué mon innocence. Maintenant que, cédant à je ne sais quelle influence, il voyait le débat se rouvrir, pareil à Pilate, il se retirait et..... s'en lavait les mains.

C'était sur M. Danton que venait peser toute la responsabilité. Cette responsabilité, M. Danton l'a acceptée, et je dois lui rendre cet hommage, c'est qu'il n'y a pas de capitaine rapporteur qui se soit acquitté avec plus de zèle de ses fonctions, que M. l'inspecteur de l'Académie n'en a mis à accomplir les siennes dans cette circonstance.

Il en fallait, en effet, beaucoup pour parvenir à faire condamner un innocent dans une cause où, je le dirai sans fierté, il n'avait pas beaucoup d'efforts à faire pour prouver ma non-culpabilité. La discussion l'a battu sur tous les points.

Et cependant j'ai été condamné entièrement, complétement! Ah! pardon! non! j'ai gagné un côté de mon affaire. N'avais-je pas été accusé d'abord de substitution totale dans mon examen? Version écrite et épreuve orale ne m'ont-elles pas été contestées également? Et ma condamnation porte, comme seul considérant, *que je me suis fait remplacer dans l'épreuve de la version latine*, le 13 janvier 1852.

Qu'on veuille bien faire attention aux termes de la condamnation : je me suis fait *remplacer*. C'est une substitution de personne dans l'épreuve de la version écrite. Tout à l'heure je prouverai matériellement, mathématiquement, par preuve écrite, qui se trouve entre les mains même de ces messieurs de la Faculté, que le fait est complétement impossible. Mais, avant d'entrer dans la discussion des preuves, avant de détailler les circonstances qui serviront à démontrer mon innocence, je veux édifier mes lecteurs sur la bonne foi qui a été mise dans toute la conduite de cette affaire.

Je l'ai déjà dit, on avait d'abord contesté l'examen oral. J'offrais des preuves par témoins que je l'avais bien passé moi-même. J'ai donné des détails tels que l'on a été obligé d'avouer que c'est moi qui me présentai devant la Faculté, le 15 janvier 1852.

Comment, d'ailleurs, MM. les professeurs auraient-ils pu supposer qu'un individu, soupçonné de faux, aurait le courage de se représenter deux jours après celui où on lui contestait si violemment son identité, et de subir une épreuve orale ?

Lorsqu'on a vu qu'il était impossible que ce ne fût pas moi qui eusse subi l'examen le 15, on s'est rabattu sur la version latine.

D'abord je me suis fait *remplacer*, ce sont les termes de ma condamnation. J'*ai* prouvé à ces messieurs de la commission, le 22 avril, par des preuves irrévocables, que j'avais écrit moi-même ma version. M. Danton s'est mis alors avec la commission à l'abri d'un dernier retranchement : *il a admis ce jour-là que j'étais dans la salle, mais que l'on m'avait passé une copie.*

Comment combattre cette dernière accusation ? je ne le pouvais, n'ayant pas de preuves matérielles. Mais mon accusateur peut-il à son tour en fournir pour avoir motivé ma condamnation? A-t-il saisi une copie qu'on me passait? M'a-t-il vu communiquer en aucune manière avec quelqu'un de mes co-aspirants?

Non. Il n'y était pas, et, d'ailleurs, ce n'est que sur une différence d'écriture que roule toute l'accusation, et non sur des rapports établis à la Sorbonne dans la salle de l'examen écrit.

Mais si alors on n'a pas de preuves de communication avec un camarade, ou un versionnaire, pourquoi m'avoir condamné? Et pourquoi m'avoir condamné pour m'être fait *remplacer*, lorsqu'il a été dit, en présence de la commission, que j'étais moi-même dans la salle?

Ce mot *remplacer* impliquerait-il une idée morale et non un fait matériel? serait-ce l'esprit de M. Bergeron (puisque tel est le nom du substituant supposé) qui aurait présidé à la confection de ma version? Je crois MM. les professeurs trop sérieux pour s'amuser à de pareilles ambiguïtés.

Il est donc convenu maintenant que je me suis fait *remplacer*. On a oublié, par inadvertance sans doute, qu'on avait avoué que *j'étais dans la salle*. Tant mieux! je n'aurais pas pu prouver que je n'avais pas reçu de copie; maintenant je démontrerai mathématiquement, je l'ai dit, que c'est moi qui ai écrit la version. C'est-à-dire je vais prouver que j'étais dans la salle.

Je l'ai déjà dit : on a admis que c'est moi qui ai passé l'examen oral.

Comment, en effet, supposer encore une fois qu'un jeune homme soupçonné de faux ait osé se représenter deux jours après pour subir une nouvelle épreuve, surtout lorsque dans l'intervalle il a reçu la visite du secrétaire de la Faculté, M. Patin, assistant à l'examen, et qui aurait pu certifier la non-identité du candidat?

Aussi s'est-on retranché dans la substitution de l'examen écrit seul.

Sur quoi m'accuse-t-on?

Sur une différence d'écriture entre la version que l'on m'a fait faire en Corse, et les pièces attribuées au remplaçant (la version faite à Paris, la demande d'admission au baccalauréat, et une lettre écrite en mon nom pour réclamer mon diplôme).

Je le demanderai à mes juges :

A quelle époque furent écrites les pièces par le prétendu M. Bergeron?

Du 10 au 25 janvier 1852.

Les trois se ressemblent. Est-ce étonnant? Elles ont été écrites dans un espace de quinze jours.

A quelle époque subis-je une nouvelle épreuve en Corse?

Au commencement d'août 1852.

Huit mois après.

On a bien porté sur mon jugement la date de la version faite à Paris, pourquoi n'avoir pas fait de même ressortir l'époque à laquelle fut écrite celle que je fis en Corse?

Et pourquoi désiré-je rappeler cette circonstance? Parce qu'il me semble que pendant un intervalle de huit mois l'écriture d'un individu peut suffisamment changer, non de manière à la rendre méconnaissable, mais de façon à exciter des soupçons.

N'a-t-on pas dit dans mon acte d'accusation que je cherchais à imiter l'écriture de mon remplaçant?

C'est qu'on a donc trouvé quelques points de ressemblance.

Or, si ces points de ressemblance existent, pourquoi ne pas attribuer la non-conformité complète des deux écritures au temps qui s'est passé entre les deux époques où j'ai subi les deux épreuves?

Cette raison n'est pas futile. J'ai essayé de fournir les preuves de la variation de mon écriture à mes juges, et je leur ai fait voir, pour preuves irrécusables tirées d'une correspondance intime, que mon écriture est sujette à varier au point que l'on douterait presque, à deux mois d'intervalle, que c'est moi-même qui ai écrit deux lettres à ma mère.

Et parmi ces trois lettres écrites, dit-on, par le remplaçant, il me semble qu'il en existe une qui eût dû faire un peu plus réfléchir mes juges.

On constate que j'ai réclamé mon diplôme de bachelier. Pourquoi n'avoir pas dit d'où était partie la lettre?

Lorsque j'écrivis à la Faculté de Paris pour redemander mon titre, où me trouvais-je?

A Marseille.

Je partais après mon examen pour me rendre en Corse.

J'écrivais donc de Marseille avant de m'embarquer.

Suppose-t-on que mon remplaçant m'ait suivi jusque-là pour y écrire à la Sorbonne?

Suppose-t-on que je la lui aie fait écrire à Paris et que je l'aie mise à la poste à Marseille?

Mais, dans le premier cas, c'eût été une énorme dépense d'argent qu'on ne peut admettre, parce qu'elle était inutile.

Dans le second, pourquoi, puisque j'étais moi-même à Paris, n'avoir pas été le réclamer à la Sorbonne, plutôt que de le faire redemander de Marseille?

De peur d'être découvert?

Mais je n'avais qu'à le faire réclamer par M. Bergeron. On ne le lui eût pas refusé puisque lui-même avait passé l'examen.

Ou, si on lui eût refusé le diplôme, à cause des formalités nombreuses nécessaires avant de le retirer et qui demandent du temps, on lui eût toujours donné un certificat.

N'était-ce pas tout ce qu'il me fallait? puisque ce certificat me servait à constater auprès de mes parents que j'avais travaillé, la seule raison pour laquelle je le réclamais?

Maintenant, je le demande encore, pourquoi n'avoir pas fait ressortir que cette lettre était écrite de Marseille?

Je le répète, la seule nécessité d'un départ précipité m'a obligé de dater ma lettre de cette ville.

M. Bergeron ne pouvait y être puisque sa présence m'y était onéreuse et inutile.

Et s'il était à Paris, comme l'indiquerait la lettre saisie chez M. Grégoire, il était beaucoup plus simple qu'il réclamât lui-même le diplôme en mon nom.

Actuellement passons à la seconde clause de mon jugement.

Voici comment elle est motivée:

Par des fautes d'orthographe qui sont dans la copie de la version latine écrite par Rocca (en Corse) *et qui ne sont pas dans la version originale* (écrite en Sorbonne).

Quelles sont ces fautes d'orthographe?

Les voici :

Il s'agissait d'écrire à la troisième personne du passé défini le verbe *paraître*.

Si au lieu d'écrire *parut* on a mis *paru* sans *t*, est-il présumable qu'on doive attribuer cela à autre chose qu'à une précipitation expliquée nécessairement par le trouble où me jetaient les soupçons qu'on élevait contre moi?

Maintenant que supposerait-on d'un jeune homme qui aurait passé un examen oral de baccalauréat ès lettres d'une manière très-satisfaisante, qui fournirait les meilleurs certificats de ses professeurs, et qui dans une version viendrait écrire *Sythie*, en omettant le *c* dans le nom de cette contrée asiatique?

Attribuerait-on cette faute d'orthographe à l'ignorance?

Tous nous avons été, pour ainsi dire, élevés avec ces peuples barbares; nous serions moins excusables d'oublier leur orthographe que d'ignorer le nom des capitales de l'Europe.

Pourquoi exploiter ces fautes, ces misères, au lieu de montrer de la bienveillance, ou plutôt non, de la justice et de la vérité en les rejetant sur le trouble et la légèreté du candidat?

Et d'ailleurs, n'ai-je pas écrit plus loin dans la même version le mot *Scythes* avec son malheureux *c*?

Mon Dieu! je ne m'appesantirai pas plus longtemps à réfuter de semblables minuties.

Ce serait, je crois, faire injure à l'intelligence de ceux qui me liront.

Seulement ce que je ne comprends pas, c'est que mes juges n'aient pas haussé les épaules de pitié devant de pareilles raisons, et aient consenti à les adopter dans le jugement qu'ils ont rendu contre moi.

Nous ne vivons cependant plus dans le siècle de la vétilleuse scolastique.

Je ne sais trop pourquoi j'ai moi-même répondu aux clauses de mon jugement. C'est probablement parce que c'est une habitude de réfuter point par point les raisons de mon adversaire.

Mais il est une circonstance qui aurait dû être remarquée par l'accusation et qui aurait éclairci les doutes de MM. les juges qui m'ont condamné sur ce que les fautes d'orthographe de ma version faite en Corse impliquent que je ne suis pas assez instruit pour m'être passé du concours d'un versionnaire.

On a avoué que c'est moi qui ai passé l'examen oral.

Pour cela j'ai dû expliquer à livre ouvert et sans dictionnaire un morceau d'un auteur latin et grec.

Que l'on consulte les notes de la Faculté et l'on verra que je me suis tiré avec succès de mes explications, de manière même à m'attirer des compliments de la part de M. le doyen.

Il est donc évident que si je traduis à livre ouvert, je suis encore bien plus capable de faire une version à tête reposée, avec un dictionnaire et ayant deux heures devant moi.

Dès lors tombent les considérants des fautes d'orthographe et tous les soupçons de mon incapacité.

J'ai déjà posé cet argument à M. Danton, et il s'est toujours refusé à y répondre, alléguant que mes raisons ne signifiaient rien.

C'est là une singulière manière de réfuter,

si ce n'est pas une injustice, et je n'ai plus, ce me semble, qu'à répéter en guise de consolation, ce distique de Gilbert :

> Et sans plus de raison, si je réplique un mot,
> Pour prouver que j'ai tort, il me déclare un sot !

Mais je pense que M. Danton ne restera pas à court en fait de citations ; il est membre de la Faculté, et il me jettera à la face ce vers péremptoire :

> *Sic volo, sic jubeo, sit pro ratione voluntas !*

Après cela on courbe la tête et l'on passe condamnation.

Il me reste encore une raison à réfuter ; je la laisse pour plus loin, parce qu'elle est la seule qui présente quelque caractère sérieux.

De tout temps une accusation anonyme a été une arme terrible contre un individu, mais ici encore j'ai de la force, et je répondrai, je l'espère, victorieusement.

Je veux d'abord confondre la méchanceté de mon ennemi, en lui opposant une raison que, je l'espère, mes juges comprendront comme moi, et qu'ils apprécieront à sa juste valeur.

J'ai, dit-on, passé mon examen oral.

Bien.

Mais pour passer cet examen, il existe une formalité à remplir, c'est celle d'écrire avant l'épreuve sur le registre des examens à la Sorbonne.

Cette écriture a été faite le jour même, à quelques heures de distance, et, si je me le rappelle, avec la même plume.

La version latine et le registre doivent donc présenter des caractères de ressemblance.

Or, je venais à peine de signer que l'on m'a appelé et que l'on a arrêté mon examen, parce que des soupçons s'étaient déjà élevés sur mon identité. J'avais, en effet, étant malade, fait faire ma consignation par un de mes amis.

Mon examen fut renvoyé au surlendemain. J'avais vu M. Patin, j'avais vu M. Parmantier qui m'avait soupçonné.

L'écriture du registre était donc la même, puisque c'était moi qui passais mon examen en face de ces messieurs.

Il y a donc une preuve plus concluante que tout ce que j'ai dit jusqu'à présent.

Qu'on confronte l'écriture de ma version et celle du registre, faites le même jour. On verra si elles se ressemblent; et si elles se ressemblent, comme elles le doivent, je suis donc innocent, car j'aurais écrit ma version comme j'aurais signé sur le registre.

Tout le fond du débat est là. C'est de là que doit sortir tout le jour, toute la vérité.

Je l'ai fait remarquer à mes juges.

Je le demande, pourquoi n'ont-ils pas accédé à ma demande ?

Est-ce par légèreté qu'on l'a fait ?

Mais, dans ce cas, la légèreté est terrible, parce qu'elle peut avoir pour conséquence de briser tout l'avenir, toute la carrière d'un jeune homme.

Est-ce par oubli ?

Mais j'ai demandé à grands cris à m'expliquer devant le *conseil académique*, et, loin de m'entendre, on m'a fait des reproches.

Est-ce par animosité ?

Je ne puis le croire ; je ne puis le supposer. Je ne connais personnellement aucun de ces messieurs qui m'ont jugé, et d'ailleurs, en connaîtrais-je plusieurs qui auraient même à se plaindre de moi, je crois que leur esprit est trop éclairé pour motiver leur jugement sur un sujet de mécontentement personnel.

Mon Dieu ! pourquoi est-ce donc ?

Je crois le savoir. Depuis longtemps on est à la recherche de ces fraudes qui déshonorent la jeunesse, et qui souillent ses premiers pas dans la vie intellectuelle.

On les découvre difficilement, et lorsqu'on se croit sur la trace d'une d'elles, on juge avec rigueur, je dirai presque avec prévention.

Seulement ce que je ne comprends pas, puisque la Faculté cherche à se prémunir contre ces dangers, ces faux, ces substitutions, c'est qu'elle n'ait pas cherché à découvrir ce Bergeron qui a passé mon examen. Il doit exister quelque part, puisqu'il venait à la Sorbonne.

On m'eût confronté avec lui, lorsqu'on l'eût trouvé, et M. le juge d'instruction eût bien su faire jaillir de ce rapprochement l'étincelle de la vérité.

Pourquoi ne l'a-t-on pas fait?

L'Académie de Paris se fût prémunie contre

un danger, et elle m'eût sauvé des tracas d'une affaire aussi malheureuse.

Qui sait? tout n'est peut-être pas perdu.

Ce pauvre M. Bergeron reparaîtra peut-être un jour à l'horizon pour me réclamer trois ou quatre cents francs de dommages et intérêts, parce que je l'ai livré à la publicité, comme il me réclamait cent écus pour rester dans son obscurité. Le cas est encore le même; et cette fois c'est moi qui suis coupable de l'avoir mis au jour, toutefois après la Sorbonne, qui partagera, je l'espère, les frais avec moi.

Mais non, par malheur, ce M. Bergeron ne paraîtra pas. Je doute même que la plus puissante des évocations infernales soit capable de le faire sortir du néant. Son ombre n'a jamais paru sur les dalles séculaires de la Sorbonne.

Je suis donc obligé de me défendre moi-même, sans l'appeler à mon aide.

Rentrons donc dans la réalité.

Je l'ai dit et je le redemande encore : que l'on ouvre le registre des examens à la Faculté de Paris, et qu'on y confronte mon écriture avec celle de ma version latine, et alors, à moins que je n'aie fait un rêve fantastique le jour de mon examen, on verra que les deux écritures doivent se ressembler.

Cette preuve est palpable, matérielle. Qu'alléguerait-on pour la combattre?

On serait obligé de faire ce qu'ont fait déjà une fois mes juges, d'avouer que c'est moi qui ai écrit ma version, mais qu'on m'a fait passer un brouillon.

Mais alors que deviendrait cette lettre écrite à M. Grégoire et dans laquelle *je cherche à imiter l'écriture autant que je puis.*

Alors ce serait moi-même imitant ma propre écriture. Ne trouvez-vous pas que l'idée serait ingénieuse?

Ainsi donc, un autre ne peut avoir fait mon épreuve écrite que moi-même.

Or, si c'est moi qui l'ai faite, je n'ai pu écrire à M. Grégoire à propos de M. Bergeron.

Si cette lettre a été écrite, mon nom ne peut s'y trouver que comme faux.

Si le faux existe, il a été fait par mes ennemis.

Je n'en suis pas responsable.

Donc, je suis innocent.

Faut-il ajouter d'autres preuves à l'appui de cette démonstration?

Faut-il citer encore les certificats que m'ont fournis une foule de jeunes gens recommandables, qui me connaissaient et qui m'ont vu passer mon examen?

Ces preuves on les a lues. Qu'on les relise encore. Les unes sont signées de compatriotes.

J'ai trop d'amour-propre pour m'abaisser à faire passer un examen devant des Corses.

Chez nous, l'orgueil a encore les caractères d'une vertu.

Les autres certificats m'ont été donnés par des hommes de lettres.

Ce sont des jeunes gens sérieux, pleins de mérite et d'avenir. Ils sont déjà connus dans plusieurs publications littéraires; aussi leur témoignage a-t-il tout le poids que donne le talent.

Et ici qu'il me soit permis de faire une observation aux juges qui m'ont condamné.

Pourquoi, lorsque j'ai amené mes témoins pour les faire comparaître devant le conseil académique, pourquoi, dis-je, a-t-on refusé de les entendre ?

La justice ne doit-elle pas chercher à s'éclairer par tous les moyens possibles ?

Le devoir du juge n'est-il pas d'admettre

toutes les preuves à décharge, comme celui de l'accusateur de rechercher tout ce qui peut accabler l'accusé ?

Eh bien ! je crois l'avoir prouvé. On a cherché tout ce qui pouvait me condamner jusque dans les plus petites minuties. Pourquoi n'avoir pas montré la même impartialité dans l'acte du témoignage ?

Relisez encore ces certificats : l'un, signé de M. Bourdon, donne tous les détails de mon examen, et à celui-là viennent s'ajouter ceux de MM. Coti, Susini, Blanc. Les autres déclarent que ma version a été corrigée sur un brouillon raturé, que l'écriture du brouillon était bien la mienne, et ce certificat est signé par un homme de lettres, qui suivait des cours de licence. Le plus important, signé aussi par le rédacteur en chef d'un journal littéraire, déclare qu'il a vu M. Grégoire, au mois d'avril 1852, et que ce professeur lui a dit avoir reçu une lettre signée Rocca, lettre dont il a reconnu la fausseté.

Pourquoi n'avoir pas permis à ces témoins de s'expliquer devant les juges?

La déposition verbale de ces messieurs n'aurait-elle pas exercé une puissante influence?

La parole de jeunes gens honorables et sérieux n'aurait-elle pas contre-balancé l'assertion d'un faux anonyme, d'une calomnie faite pour entraver et briser tout mon avenir?

Que mes lecteurs me permettent de m'expliquer sur cette lettre; je crois qu'il est inutile de la réfuter après les preuves que j'ai données. Mais encore est-il que puisque c'est l'arme la plus terrible dont on se serve contre moi, je crois pouvoir prouver aussi qu'elle m'est faussement attribuée.

Me voici arrivé à une des questions les plus importantes à résoudre; c'est sur elle que le conseil académique a appuyé surtout son verdict de culpabilité.

Je vais en traiter longuement et prouver encore d'une manière irréfragable que je suis innocent. Et pourtant je suis obligé d'avouer que j'hésite à parler; tout cœur vraiment honnête reculerait, comme moi, devant la nécessité d'accuser son pays de manifester les plus mauvaises passions que puisse engendrer l'infirmité humaine.

Mais, avant tout, j'ai mon honneur à garder et à défendre; j'ai mon individualité à faire respecter, et je dois faire tous mes efforts pour éloigner de mon front la tache infamante qu'on a voulu y imprimer.

J'entrerai alors hardiment dans le champ de la réfutation, et je dirai tout haut que je suis étonné, très-étonné que la commission qui m'a jugé ait pris de si mauvaises raisons pour me condamner.

Ne suis-je pas en droit de parler ainsi, moi qui ai vu mon honneur flétri et livré au mépris?

Mais les preuvent abondent, claires, évidentes, palpables. Elles ressortent d'elles-mêmes et crèvent pour ainsi dire les yeux.

Voici ce dont il s'agit :

Le 11 juin 1852, M. Grégoire, mon professeur, subit une visite domiciliaire, à la suite de laquelle il fut arrêté. J'ignore encore quels furent les vrais motifs qui firent opérer une telle visite, et surtout sous quelle influence elle fut faite. Les recherches exercées à son domicile amenèrent la découverte d'une lettre sans date et sans adresse, signée de mon nom.

Cette lettre m'a été montrée, et en voici à peu près le contenu :

Mon cher Grégoire,

J'ai été bien fâché contre vous, mais je suis calmé, et je vois que j'ai tort, aussi veuillez m'excuser. J'ai demandé à Bergeron des lettres qui doivent me servir, afin de cacher ma fraude auprès du secrétaire de la Faculté.

Mais il m'a répondu d'un ton fort désagréable. Il m'annonce que si je ne lui envoie pas 300 fr. il me dénonce à la Sorbonne comme m'ayant fait ma version.

Vous concevez, mon cher Grégoire, que je ne peux lui envoyer cette somme, d'abord parce que je n'ai pas d'argent dans ce moment; ensuite, je n'ai pas encore reçu mon diplôme, et il a été convenu qu'il n'aurait ce qui lui est dû qu'après la réception de cette pièce. J'ai écrit moi-même à la Faculté et j'ai cherché à imiter l'écriture autant que j'ai pu.

Voyez Bergeron et dites-lui qu'il y songe deux fois avant de formuler une dénonciation contre moi, car il serait sûr que je viendrais à Paris me rassasier de son sang.

Votre ami,

ROCCA JEAN.

Il m'est facile de démontrer, d'après ce qu'elle contient, que cette pièce n'a pu être écrite par moi; et ce ne peuvent être que mes ennemis qui ont envoyé cette lettre à la suite d'une infâme machination.

Les premières pages de ce volume ont déjà fait connaître les dissensions qui existent en Corse! Cet état de choses est malheureusement trop naturel et trop inhérent à la faiblesse humaine.

Lorsque deux familles se disputent l'opinion et la prééminence dans une localité, il s'ensuit des haines, des jalousies, qui prennent leur source dans la rivalité, et qui, le plus souvent, dégénèrent en basses envies et font appel aux plus lâches passions.

On a recours alors, pour affaiblir un parti rival, pour tuer une influence, à des manœuvres de dépréciation.

Des bruits sourds se répandent sur la moralité des individus; la valeur intellectuelle des personnes est mise perfidement en doute. Des demi-mots, des réticences, des sourires, des allusions, enfin tout l'arsenal du blâme, de la calomnie et des incriminations, est mis à contribution pour jeter la défaveur sur toute une maison, sur tout un parti.

Si toutes ces machinations sont détruites par la position honorable et indépendante d'une famille, par la valeur inaltérable de ses membres, alors la jalousie, battue sur tous les points, n'a plus que les moyens extrêmes et les grands coups. Elle ne reculera pas devant l'accusation la plus compromettante, si elle n'a pas d'autre voie pour arriver à son but. Et si la personne qui a conçu cette envie est vile et lâche, elle se cachera sous le voile de l'anonyme ou de *l'incognito.*

C'est ce qui est arrivé pour moi. De nombreux ennemis ont vu avec rage la prospérité de ma famille, et ils ont cherché les moyens, jusqu'aux plus criminels, pour la détruire, ou du moins pour la perdre dans l'estime publique; — leurs efforts seront infructueux, je l'espère; et leur conscience pervertie, si toutefois ils en ont une, leur fera sentir un jour l'énormité de leur crime. — Tremblez, hommes au cœur dépravé, car la colère de Dieu plane sur vos têtes! Rougissez de votre forfait, car aujourd'hui je dresse un piédestal inébranlable à mon innocence foulée aux pieds impitoyablement! — Je l'ai dit, je veux être acquitté par le jury général; c'est là mon but et mon espoir.

Mon Dieu, je ne me crée pas volontairement des fantômes. Les lettres suivantes, écrites à une époque antérieure à mon examen, prouveront qu'il y avait déjà contre moi des inimitiés qui pouvaient bien s'abandonner à des menées funestes à mon avenir.

Toutes les lettres que je vais citer peuvent être garanties par les timbres et les cachets de la poste; et, à l'époque où elles furent écrites, on ne pouvait certes pas prévoir dans ma famille le malheur qui m'arrive aujourd'hui.

Ajaccio, 30 novembre 1851.

Mon cher Jean,

J'aurais dû répondre plus tôt aux deux lettres que j'ai reçues à Vico; mais, pour le faire, il me fallait descendre à Ajaccio et le mauvais temps m'en a empêché . . . .

N'oubliez pas que votre oncle fait de grands sacrifices pour vous. Quoique vous marchiez au-devant d'une brillante fortune, il faut que vous subissiez pour ces trois ou quatre ans certaines petites privations, et vous passer de quelques amusements, si coûteux du reste à Paris. Travaillez donc, mon appui et mes sympathies ne vous manqueront jamais. Revenez vite parmi nous, vous étonnerez ceux qui ont pour vous une basse jalousie. Pour A...., vous le verrez dans l'autre monde : il y a déjà trois jours qu'il est mort. Ainsi votre oncle n'a plus d'ennemis de ce côté-là. Cela n'empêche pas que vous ne travailliez même avec plus d'ardeur à finir vos études pour venir chez nous.

Si toutefois, malgré le travail assidu, vous n'étiez pas reçu bachelier en janvier, consolez-vous de votre défaite et ne perdez pas courage; j'estime que même plus tard il est bien d'être reçu.

Aimez-moi comme je vous aime.

Votre ami sincère,

A. P., avocat.

Ajaccio, 15 novembre 1851.

Carissimo nepote,

La tua lettera che ho ricevuto del 6 corrente mi ha non poco tranquillizato, ora resta a rializare le speranzze che mihai con le tue replicate lettere assicurato. Credo benissimo che farai umanamente tutto il tuo possibile per trionfarne. La tuo gloria sarà grande se ne sorti vittorioso, sarà una consolazione per le persone che ci vogliono bene, e un dispiacere immenzzo per i nostri nemici.

. . . .

Sono di cuore tuo zio

G. MULTEDO.

Vico, 23 novembre 1851.

Mon cher fils,

Si j'ai tant tardé à t'écrire, c'est que j'espérais

te donner beaucoup de nouvelles à la fois ; cependant je me contenterai de t'en faire connaître quelques-unes seulement pour aujourd'hui. Par ta lettre du 12 novembre tu m'apprends que tu as abandonné la pension où tu étais pour n'être pas en contact avec des jeunes gens malhonnêtes. Tu me fais savoir en même temps que tu as été obligé de faire une perte de 300 francs pour opérer la sortie. C'est une perte énorme en effet, mais je suis plus contente que tu aies sacrifié cette somme que de te savoir encore en relation avec des hommes qui auraient pu causer ta perte. Ne manque pas pourtant de profiter des leçons de ton nouveau professeur, M. Grégoire. Tâche d'obtenir ton diplôme en janvier ; fais des efforts, afin que nos ennemis ne se moquent pas de toi. C'est ainsi que tu contenteras une mère, et tu causeras un déplaisir sensible aux personnes jalouses.

Ta mère,

LUCIE ROCCA (veuve).

Voici, d'après les recherches et les suppositions que j'ai faites, la manière de procéder de mes ennemis dans cette circonstance :

Vers le mois d'avril 1852, divers bruits coururent en Corse sur des affaires de substitution dans les examens de baccalauréat. A Ajaccio et à Vico même on eut la nouvelle que M. Grégoire, mon ancien professeur, avait été soupçonné, et qu'il était menacé d'être mis en prison pour tripotage à la Sorbonne. Ce monsieur était connu chez moi d'un grand nombre de jeunes gens qui avaient pu le voir tous les jours à Paris, lorsqu'il venait me donner des leçons. Expliquer le motif, le point de départ d'un tel bruit, c'est chose très-difficile pour moi ; ce que je sais, c'est que cette nouvelle se répandit à cette même époque, et, du reste, voici un certificat qui en fait foi :

Je, soussigné, Ange-François Coti, d'Ajaccio (Corse), ex-commis de l'Intendance militaire (Afrique), domicilié à Paris, certifie que M. Rocca (Jean) a en Corse de nombreux et implacables ennemis qui lui ont voué une haine vivace et profonde.

Je déclare, en outre, qu'au mois d'avril 1852, le bruit s'était répandu à Ajaccio que M. Grégoire, son professeur, avait été arrêté à Paris, je ne sais pour quel tripotage ; m'étant enquis auprès de M. Rocca si le bruit de cette arrestation était fondé, il me répondit qu'il n'en savait pas plus que moi sur cette affaire.

En foi de quoi je lui ai délivré la présente attestation, pour lui servir en cas de besoin.

Paris, 1er juin 1853.

F. Coti,

Rue du Vieux-Colombier, 27.

Cette circonstance fournit à mes ennemis l'occasion de me compromettre et peut-être de me perdre à jamais. Comme on présumait que M. Grégoire était en prison, ou que le soupçon qui pesait sur lui donnerait lieu à une enquête ou à une visite domiciliaire, ils lui adressèrent une lettre signée de mon nom et portant les caractères un peu imités de mon écriture. Dans cette lettre ils parlaient, comme on a pu le voir, de substitution dans mon examen, et ils pensaient, comme il est arrivé, que ce document, saisi chez mon professeur, me ferait refuser mon diplôme et me conduirait peut-être en cour d'assises *pour faux et substitutions*.

Voilà jusqu'où a pu aller la méchanceté, la malice, le génie infernal des hommes !

Il est une classe d'hommes qui ne paraissent avoir de l'habileté et de l'intelligence que pour le mal.

Ils demeurent impuissants et incapables devant une généreuse action.

Le fait que j'ai cité est certain, positif, irrévocable; et, pour prouver ce que j'avance, voici comment il est invraisemblable que j'ai écrit moi-même cette lettre :

D'abord je dis dans cette lettre que je cherche à imiter l'écriture autant que je puis, afin que ma fraude ne soit pas découverte; mais, dans ce cas, je le demande à tout homme de bon sens, quel intérêt ai-je à dire que je m'appliquais à l'imitation de l'écriture de ce *Bergeron*, puisqu'on a avoué que j'ai passé moi-même l'examen oral, et que j'ai été obligé d'écrire de ma propre main, en présence de mes examinateurs et de M. Patin, la déclaration que l'on fait toujours en pareilles circonstances sur le registre de la Faculté? Il n'était plus temps de contrefaire mon écriture, car, à quoi m'auraient servi ces efforts? Serait-ce pour demander, avec les caractères de mon remplaçant supposé, le diplôme que j'attendais? Mais, au lieu de me livrer à ce travail difficile, il était plus simple et en même temps moins compromettant pour moi de le faire réclamer verbalement par quelqu'un ! Si, d'un autre côté, il est prouvé que j'étais dans la salle le jour de mon examen écrit, et que la version latine a été écrite par *moi*, comme cela sera vérifié par le conseil supérieur, je crois que je n'avais pas besoin de dire que j'imitais une écriture étrangère, puisque toutes les pièces qui sont à la Sorbonne sont écrites de ma main.

L'accusation se trouve dès lors prise dans un dilemme qui l'étreint, la brise et la réduit en poussière.

Je dis ensuite dans cette lettre que ce M. *Bergeron* me menace de me dénoncer à la Faculté, comme étant, lui, l'auteur de ma version latine, si je ne lui envoie trois cents francs que je lui dois pour m'avoir rendu ce service.

Le bon sens permet-il de supposer d'abord qu'un versionnaire puisse se livrer lui-même, lorsqu'il sait que c'est lui qui a commis le faux, et que cet aveu lui mériterait la prison et l'interdiction de toutes les Facultés?

Ces gens-là ensuite font-ils crédit pour les périlleux services qu'ils rendent? La misère seule les réduit généralement à se mêler à ces honteuses affaires, et comme ils n'ont aucune prise sur leurs clients, sur ceux qui achètent des brevets d'intelligence, je crois, et tout le monde doit être persuadé comme moi, qu'ils se font payer d'avance.

Et puis d'ailleurs on peut prendre des informations sur mes moyens financiers. La fortune de ma famille me permet de dépenser ou du moins de disposer de trois cents francs et plus quand bon me semble, et je n'irais pas pour cette somme m'exposer à perdre mon diplôme, à compromettre mon honneur et peut-être mon avenir. Je suis sorti, ai-je dit plus loin, de la pension où j'étais, au mois d'octobre 1851, en faisant une perte de trois cents francs, et cela pour n'être pas en relation avec des jeunes gens qui auraient pu me perdre; à plus forte raison j'aurais adressé bien vite à ce *Bergeron* la somme qu'il me réclamait à grands cris, sous peine de me dénoncer en Corse et à la Sorbonne...

En dernier lieu, je le menace de me rassasier de son sang s'il met ses menaces à exécution.

Sans doute le *calomniateur* a voulu faire de la couleur locale; toutefois, elle arrive mal à propos, car certainement, si M. *Bergeron* avait existé, et si la lettre lui avait été montrée, il aurait été peut-être persuadé que pour trois cents francs je ne voudrais pas tuer un homme.

Mais ce qui établira surtout d'une manière triomphante que cette lettre émane d'une main étrangère, c'est que vers le mois d'avril 1852 M. Rouquette, dont il a été plusieurs fois question comme témoin dans cette affaire, à cause des relations intimes que nous avons eues ensemble, rencontra un jour M. Grégoire, mon professeur, et celui-ci lui parla d'une lettre qu'il avait reçue, dans laquelle, disait-il, on parlait de *versionnaire*, de substitution au baccalauréat, enfin d'un certain nombre de faits auxquels il ne comprenait rien; elle était signée Rocca, et il la conservait pour me la montrer à mon retour à Paris.

Cette circonstance a été affirmée dans une déclaration signée Jules Rouquette.

Il est évident que s'il y avait eu des conventions entre M. Grégoire et moi, il n'aurait pas tenu ce langage et qu'en outre il n'aurait pas conservé chez lui une pièce qui pouvait devenir compromettante pour nous deux.

Après une pareille assertion, j'espère que tout reste de doute disparaîtra de l'esprit de ceux qui auraient pu encore n'être pas tout à fait convaincus, malgré les raisons que j'ai énumérées, et qui me paraissent péremptoires.

J'ai montré mes ennemis acharnés à ma perte ;

J'ai pris en détail tous les termes de la lettre et je crois avoir démontré que, dans aucun cas, je ne pouvais écrire dans leur sens à M. Grégoire.

J'ai rapporté ce dernier fait qui donne un coup décisif à l'argument d'incrimination élevé contre moi par le conseil académique.

Je me suis vraiment trop étendu sur les misérables raisons qui m'ont fait condamner et j'ai peur de leur avoir donné trop d'importance en les discutant si longuement.

Mais le lecteur verra que j'ai pris toutes les questions au sérieux et que j'ai voulu aller au fond du débat afin qu'il ne restât rien d'ignoré, d'obscur ou de douteux pour les personnes qui doivent me juger en dernier ressort.

Me voici donc aujourd'hui appelé à comparaître devant le Conseil supérieur. Cette mesure je l'ai provoquée après la décision du Conseil académique qui m'a condamné.

Je vais savoir si les considérations qui ont motivé ma condamnation seront adoptées par le Tribunal suprême.

M. le recteur me l'a dit : Si ma défense avait été moins vive, moins passionnée, il est probable que j'eusse été acquitté. Je ne dois donc pas douter de la bonté de ma cause, puisque ma vivacité seule a été le motif de ma condamnation.

Quelques personnes ont été blessées de la manière un peu acerbe avec laquelle je me suis plaint de la lenteur que l'on a apportée à la conclusion de mon affaire.

Pouvait-il en être autrement? Tracassé à l'une des époques les plus douloureuses de ma vie, sûr de mon bon droit, aigri par la calomnie qui a cherché à jeter sur mon caractère le mépris et la boue, obligé d'attendre pendant un an et demi une solution qui était tous les jours retardée, arrêté enfin dans le cours de mes études; au milieu de tous ces tracas, de ces chagrins, de cette mauvaise volonté, de ces lenteurs, pouvais-je avoir conservé mon calme et mon sang-froid?

Mon caractère s'était aigri. A qui la faute?

A ceux qui, par leur indolence, par leur lenteur, m'avaient traîné pendant si longtemps.

Que demandais-je, après tout? Était-ce un acquittement? non, je ne voulais qu'un jugement. Je désirais enfin savoir si j'étais ou non coupable, car, vraiment, au milieu des tergiversations de ceux qui soutenaient l'accusation, lorsque je les voyais quitter un prétexte, quitter une raison pour en adopter une autre, j'avais fini par douter si c'était moi, ou mon sosie qui étions accusés, comme ils doutaient eux-mêmes si c'était mon sosie ou moi qui avions passé l'examen.

Aujourd'hui enfin le Conseil académique a rendu sa sentence. J'ai été trouvé coupable; et pourquoi, je vous le demande? Parce que je me suis plaint de M. tel ou tel, parce que j'ai accusé au lieu de me borner simplement à me défendre.

Jolie manière de juger une question au fond!

Et cependant ces messieurs doivent connaître le cœur humain. Ils n'ont pas vécu jusqu'à ce moment sans savoir que, lorsque l'esprit est aigri (et je leur demanderai si une année et demie de tracasseries doivent égaliser le caractère), sans savoir, dis-je, que, lorsque l'esprit est aigri, il cherche à déverser le surpoids de ses sentiments. Si on l'accuse, il ne se renferme plus seulement dans les limites de la défense, il brise sa chaîne, il attaque, il cherche à se venger. Cela est si vrai, si naturel, que ces messieurs..... ah! pardon! j'allais encore, peut-être, me faire condamner par un propos inconsidéré.

Du reste, il faut ici, avant de terminer, que je rende justice à la franche et loyale sympathie que m'ont témoignée deux ou trois de ces messieurs.

Je les en remercie, et c'est ce qui me fait attendre avec plus de courage la décision d'un Conseil qui doit rendre un jugement définitif et irrévocable.

Si je suis acquitté, mon innocence jaillira des débats d'une manière plus éclatante. C'est là tout mon désir.

Si, au contraire, un verdict de culpabilité tombe sur ma tête, je verrai ma carrière entravée, mon avenir brisé. Obligé de quitter Paris sans avoir pu terminer mes études, je n'irai pas me réfugier dans une Académie. Je n'irai pas réclamer à Toulouse ou à Rennes une protection que m'aurait refusée la métropole. Je rentrerai chez moi.

Là encore j'aurai à affronter des regards de dédain, des sourires moqueurs. Mais au milieu de cette réprobation qui s'attache à quiconque a gravée sur le front la marque d'une flétrissure, qu'elle descende des hauteurs académiques ou des régions pénitentiaires, je relèverai encore hardiment la tête, car j'aurai toujours la voix de ma conscience qui me criera : Tu es innocent !

Je termine :

Je n'invoquerai pas à l'appui de ma défense tout ce qui pourrait toucher le cœur de mes juges. Je ne leur parlerai ni du chagrin qu'une condamnation causerait à mes amis, ni de la douleur de mes parents, ni du désespoir de ma mère.

Pourquoi ouvrir ainsi à tous le seuil des affections de la famille?

Je n'en appelle qu'à leur raison, qu'à leur conscience. Dans la position où je me trouve, un avenir brisé n'est presque rien.

La carrière d'avocat est une carrière honorable, que j'eusse aimé à suivre. Mais cette considération, pas plus que celle des douleurs d'une famille, ne doit être rien pour les juges en présence de la vérité.

J'ai, Dieu merci, des moyens d'existence assurés pour le reste de mes jours, je n'implore donc pas la compassion. Je ne demande que la justice.

D'ailleurs, ma conscience est forte; pourquoi réclamerais-je autre chose que l'équité?

J'ai ensuite bon espoir dans une cause que je crois bonne. Je compte que mes juges penseront comme moi.

J. ROCCA.

www.ingramcontent.com/pod-product-compliance
Lightning Source LLC
LaVergne TN
LVHW020337230826
846091LV00003B/916

9782012882430